El pájaro del árbol

por Lucy Floyd
ilustrado por Yu Cha Pak

Harcourt

Orlando   Boston   Dallas   Chicago   San Diego

Visita *The Learning Site*
www.harcourtschool.com

Había una vez un soberano conocido como El Poderoso. Le gustaban mucho los ciruelos, por su bonito color.

—¡Qué lastima! —suspiró un día cuando vio que se había secado uno—. ¿Dónde encontraría otro igual?

Muy cerca había un bonito ciruelo. Era de un pintor. Su hijo, Tim-Tim, tenía un amigo que vivía en el árbol.

Todos los días, al anochecer, Tim-Tim se acercaba a visitar a su amigo del árbol.

Cuando salía la luna, le decía,
*¡Pájaro de la noche, pájaro de
las estrellas, tus canciones son
las más bellas!*

El Poderoso había mandado a buscar un ciruelo.
—Éste está muy bien —dijeron—. ¡Nos lo llevamos!

—No hay nada que podamos hacer —dijo el pintor—, es para El Poderoso. Mientras tengas esto nunca lo olvidarás.

Antes de que se llevaran el árbol, Tim-Tim tuvo tiempo de atar una nota a una de las ramas.

El pájaro extendió sus alas y salió volando detrás del ciruelo.
—Adiós, hasta siempre —dijo Tim-Tim llorando.

El Poderoso fue a su jardín para admirar su árbol nuevo. ¡Alguien había atado una nota en su ciruelo!

—¡Es mi ciruelo! —exclamó El Poderoso cuando la abrió—. ¡Es un dibujo muy especial!

También había un poema.
*Mi pájaro de la noche
cantaba canciones muy bellas
mientras miraba las estrellas.*

El Poderoso estuvo mucho tiempo pensando. Después mandó a llamar al pequeño Tim-Tim.

—Has perdido a tu amigo y eso no está bien —dijo El Poderoso—. Quería devolverte tu árbol. Tú eres su verdadero dueño.

—Me gustaría quedarme con este dibujo —dijo—. Tim-Tim me ha enseñado algo muy importante.